BEI GRIN MACHT SICH IHR WISSEN BEZAHLT

- Wir veröffentlichen Ihre Hausarbeit, Bachelor- und Masterarbeit

- Ihr eigenes eBook und Buch - weltweit in allen wichtigen Shops

- Verdienen Sie an jedem Verkauf

Jetzt bei www.GRIN.com hochladen und kostenlos publizieren

Hilger Schneider, Martin C. Wagner

Green IT CIO-Briefing at T-Systems

GRIN Verlag

Bibliografische Information der Deutschen Nationalbibliothek:

Die Deutsche Bibliothek verzeichnet diese Publikation in der Deutschen National-
bibliografie; detaillierte bibliografische Daten sind im Internet über http://dnb.d-
nb.de/ abrufbar.

Impressum:

Copyright © 2009 GRIN Verlag, Open Publishing GmbH
Druck und Bindung: Books on Demand GmbH, Norderstedt Germany
ISBN: 978-3-656-00351-9

Dieses Buch bei GRIN:

http://www.grin.com/de/e-book/177984/green-it-cio-briefing-at-t-systems

GRIN - Your knowledge has value

Der GRIN Verlag publiziert seit 1998 wissenschaftliche Arbeiten von Studenten, Hochschullehrern und anderen Akademikern als eBook und gedrucktes Buch. Die Verlagswebsite www.grin.com ist die ideale Plattform zur Veröffentlichung von Hausarbeiten, Abschlussarbeiten, wissenschaftlichen Aufsätzen, Dissertationen und Fachbüchern.

Besuchen Sie uns im Internet:

http://www.grin.com/

http://www.facebook.com/grincom

http://www.twitter.com/grin_com

Universität Kassel
Fachbereich Wirtschaftswissenschaften
Fachgebiet Wirtschaftsinformatik

Assignment

Green IT CIO-Briefing at T-Systems

Martin C. Wagner

und

Hilger Schneider

Abgabedatum: 14.01.2009

Inhaltsverzeichnis

Abkürzungsverzeichnis

bzw.	beziehungsweise
ca.	circa
CO2	Kohlenstoffdioxid
CO2e	CO2-äquivalentem
CPU	Hauptprozessor (central processing unit)
DTVC	Desktop Video Conferences
ElektroG	Elektro- und Elektronikgerätegesetz
etc.	et cetera
EU	Europäischen Union
i. d. R.	in der Regel
IKT	Informations- und Kommunikationstechnologie
IT	Informationstechnik
kW	Kilowatt
KWh	Kilowattstunden
USV	unterbrechungsfreie Stromversorgung
usw.	und so weiter
z.B.	zum Beispiel

1 Einleitung

In 2007 betrug der, durch den Einsatz Informationstechnik (IT), verursachte Ausstoß von Kohlenstoffdioxid (CO_2), gemessen in CO_2-äquivalentem (CO_2e), mehr als 820 Millionen Tonnen. Dieser Ausstoß stellt ca. zwei Prozent des weltweiten CO_2-Ausstoßes dar. Darüber hinaus war ein jährlicher Zuwachs bei benötigter Rechenleistung um ca. 60 Prozent und eine Zunahme der Internetnutzer um fünfzehn Prozent zu verzeichnen (Buhl & Laartz, 2008, S. 261).

Für den Betrieb von Servern und Infrastruktur wurden in der Europäischen Union (EU), nach Schätzungen der Österreichischen Energieagentur, 40 Terrawattstunden im Wert von sechs Milliarden Euro verbraucht (Buhl & Laartz, 2008, S. 261). Die durchschnittlichen Betriebskosten eines klassischen Rechenzentrums werden zu ca. 80 Prozent von Kosten für elektrische Energie dominiert. Pauschalisiert kann man sagen, dass für ein Kilowatt (kW) Serverleistung ein weiteres kW für unterstützende Einrichtungen und Anlagegüter, wie z.B. Klimaanlagen, Beleuchtung oder die unterbrechungsfreie Stromversorgung (USV), aufgewendet werden müssen (PC Welt, 2008).

Betrachtet man diese Werte, so kann man zu dem Schluss kommen, dass beträchtliche Einsparungspotentiale vorhanden sind, die zumindest zum Teil gehoben werden können.

„Green IT" bietet einen Ansatz diese Potentiale heben zu können. Buhl und Laartz definieren Green IT als Maßnahmen zur „[...]Senkung des Energieverbrauchs und somit der Energiekosten der IT selbst" (Buhl & Laartz, 2008, S. 261) und betonen, dass die CO_2-Emissionsredukton für die ökologische und ökonomische Bilanz nützlich ist und für Marketingzwecke verwendet werden kann (Buhl & Laartz, 2008, S. 261).

PC Welt geht davon aus, dass ein energieeffizientes Rechenzentrum einen zusätzlichen Energieverbrauch von 0,5 kW je kW Serverleistung haben kann. Die Zeitschrift beziffert weitergehend die potentiellen Einsparungspotentiale je Server und Jahr mit 100 Euro. Diese Summe setzt sich aus der Prämisse von Kosten in Höhe von Zehn Cent, inklusive aller Steuern, einem Gebührentakt von 0,25kW und den oben genannten Verbrauchswerten zusammen (PC Welt, 2008).

Greifbare Ergebnisse lieferten bisher IBM und die Berliner STRATO AG. So gelang es beispielsweise IBM in einem Rechenzentrum ca. 90 Prozent der benötigten Fläche und ca. 85 Prozent des Energieverbrauches einzusparen. Ermöglicht wurde dieser Erfolg durch die Reduktion von 3.900 auf 33 Server und ging mit einer radikalen Reorganisation einher (Buhl & Laartz, 2008, S. 261).

Die STRATO AG, deren Kerngeschäft das Webhosting darstellt, gelang es den Energieverbrauch pro Kunden um 30 Prozent, durch den Einsatz von modernen Kühlsystemen und Hardware zu reduzieren. Darüber hinaus plant STRATO die Anbindung an ein Wasserkraftwerk, dessen Nutzung jährlich eine Emissionsreduktion von 15.000 Tonnen CO_2 ermöglichen soll (Buhl & Laartz, 2008, S. 261).

Das Vorliegende Paper behandelt im Folgenden den Ansatz der Green IT zu Grunde liegt, und welche Potentiale, aber auch Risiken aus deren Nutzung für den T-Systems Konzern entstehen können.

2 Green IT

Wie in Kapitel 1 beschrieben, kann man Green IT als Maßnahmenpaket zur Senkung des Energieverbrauchs und somit der Energiekosten sehen.

Dabei lässt sich eine Untergliederung in eine technische Ebene und einer substitutionalen Verbindung zu den Geschäftsprozessen vornehmen. Auf erster Ebene wird z.b. die Auswirkungen von neuartigen Kühlungssystemen (im Hinblick auf Rechenzentren), die Verwendung von energiesparenden Systemen, Virtualisierung und der Gleichen diskutiert. Die zweite Ebene hingegen beschäftigt sich mit der Substitution, von z.b. Dienstreisen durch Onlinekonferenzen oder dem Einsatz von E-Paper, um den Energie- und Rohstoffverbrauch weiter zu senken (Buhl & Laartz, 2008, S. 261).

Betrachtet man Green IT weiter unter Gesichtspunkten der Rohstoffverknappung, kann man ebenfalls Wiederverwendungsprogramme und Recycling zu wesentlichen Aspekten der Green IT zählen (Buhl & Laartz, 2008, S. 263) und kann als dritte Ebene dargestellt werden.

Die Folgenden Unterkapitel behandeln die oben genannten Ebenen und beschreiben die in diesem Kontext diskutierten Praktiken und Techniken.

2.1 Technische Maßnahmen

Beschreibungsgegenstände der technischen Eben sind energieeffiziente Technologien, Optimierung der Kühlung, Virtualisierung und Konsolidierung von Serverlandschaften.

2.1.1 Energieeffiziente Technologien

Neue technologische Entwicklungen im Bereich leistungsfähiger und energiesparender Prozessoren in Kombinationen mit Virtualisierungsverfahren ermöglichen erhebliche Einsparungspotentiale.

So verfügen Server mit moderner Quad-Core-Prozessortechnologie bereits über ein Watt/ Leistungsverhältnis von 1:3, im Vergleich zu der Vorgängergeneration. Für Server die nur für eine bestimmte Aufgabe eingesetzt werden, bedeutet dies eine Leistungsaufnahme von 350 Watt. Durch den Einsatz von Blade-Servern kann die Leistungsaufnahme um ca. die Hälfte gesenkt werden, so dass Sie bei nur noch 175 Watt liegt. Eine weitere Option der neuen Prozessortechnologie besteht darin, diese so zu bauen, dass Sie auf bestimmte Anwendungen spezialisiert sind und viele Anfragen gleichzeitig bearbeiten können. Dies führt zu einer verbesserten Auslastung der Prozessoren und senkt somit auch den Energieverbrauch im Vergleich zu Allround-Server-Prozessoren.

Die neuen Technologien vermindern zudem den Energieverbrauch von Peripheriegeräten und Klimatechnik. Es wird davon ausgegangen das sich bei der neuen Technologie ein Watt/Leistungsverhältnis von 1:2 erreichen lässt (Stiel, 2008).

Weiterhin ist es mit modernen effizienteren IT-Geräten durchaus möglich die Energiekosten um 50 Prozent zu senken, ohne dadurch Einbußen bei der Leistungsfähigkeit hinnehmen zu müssen.

In einem mittelständischen Unternehmen (200 Büroarbeitsplätze) können durch den Austausch von Computern, Monitoren und Druckern in modernere, energieeffizienter, Geräte ca. 6.000 Euro pro Jahr an Energiekosten eingespart werden.

Beispiele für den Einsatz umweltfreundlicherer IT-Geräte:

Ein energieeffizienter Office-PC hat heute eine Leistungsaufnahme von 26 Watt und im Sleepmodus beträgt dieser 2,5 Watt. Seine Energiekosten betragen ca. fünf Euro pro Jahr. Ein nicht energieeffizientes leistungsschwächeres Vorgängermodel hat im Office-Betrieb eine Leistungsaufnahme von 92 Watt und fünf Watt im Sleepmodus. Die hierdurch entstehenden Energiekosten liegen bei ca. 21 Euro pro Jahr (Zoch, 2008).

Hierin zeigt sich, dass der Energieverbrauch durch den Einsatz umweltfreundlicherer Technologien um über 70 Prozent gesenkt werden kann und die damit verbundenen Kosten um über 75 Prozent gesenkt werden können.

Bei energieeffizienten 24-Zoll-TFT-Monitoren geht man von einer Leistungsaufnahme ca. 26 Watt aus, ältere Modelle benötigen eine Leistungsaufnahme von ca. 65 Watt. So kann die Leistungsaufnahme um mehr als 50 Prozent gesenkt werden, was eine Energiekostenersparnis von acht Euro pro Gerät und Jahr bedeutet. Ein neues Monitormodell von Fujitsu-Siemens, das vor kurzem auf den Markt gekommen ist, benötigt nur noch 20 Watt und null Watt im Standby-Betrieb. Zudem verfügt es über einen eingebauten Helligkeitssensor der die Monitorhelligkeit nach der Umgebungsbeleuchtung über Software regelt und so noch einmal bis zu 30 Prozent Energieersparnis erreichen kann (Adler, 2008; Zoch, 2008).

Der Einsatz eines energieeffizienten Laserdruckers (Schwarzweiß, 33 Seiten pro Minute) verursacht im üblichen Office-Einsatz einen Energieverbrauch von 2,5 Kilowattstunden (KWh) pro Woche, was eine Senkung von über 50 Prozent im Vergleich zu einem ineffizienten Gerät mit 5,85 KWh pro Woche bedeutet. Hier können durch den Einsatz moderner IT-Geräte 23 Euro pro Jahr eingespart werden (Zoch, 2008).

Eine weitere energieeffiziente Technologie kann in einem Intelligenten-Power-Management gesehen werden. Der Einsatz dieser Technologie ist im Serverbetrieb, wo regelmäßig viele Festplatten im Betrieb sind und hohe Energiekosten anfallen, besonders zu betrachten. Durch „Intelligentes Power Management" bei den RAID-Controllern ist es möglich den Festplatten drei Betriebszustände zuzuweisen: den Normalbetrieb, den Standby (Energiesparmodus) und die temporäre Abschaltung gerade nicht benötigter Laufwerke. Diese Technologie ermöglicht somit ebenfalls die Reduktion der Energiekosten (Adler, 2008).

Weiterhin können neue Energieversorgungstechnologien zum Einsatz einer Green-IT beitragen. So wird von T-Systems als erstem Unternehmen weltweit in München bereits ein kompletter Rechenzentrumsraum mit einer umweltschonenden Brennstoffzelle betrieben (T-Systems, Backgrounder Green IT, 2008, S. 2).

2.1.2 Optimierung der Kühlung

Um eine Optimierung der Kühlung zu erreichen können verschiedene Maßnahmen, auch in Kombination, zum Einsatz kommen. Dabei kann generell zwischen einer optimierten Führung von Kaltluft und verschiedenen Methoden der Kühlungserzeugung unterschieden werden.

Ziel einer optimalen Führung von Kaltluft kann als der Transport von kalter Luft zu der zu kühlende Hardware gesehen werden. Tritt die kalte Luft an Stellen aus, wo sie nicht benötigt wird, so muss die eingesetzte Klima- oder Kühlanlage höhere Leistung erbringen um die zu kühlende Hardware auf akzeptablem Betriebstemperaturniveau zu halten. In klassischen Rechenzentren wird Kaltluft parallel durch einen doppelten Boden, in dem auch Kabel verlaufen, geleitet und strömt durch eine Perforation im 90 Grad Winkel in die Serverracks, wo sie schließlich von den Servern angesaugt wird. Schwierig gestaltet sich in diesem Zusammenhang eine Größe der doppelten Böden zu finden, in dem die Kabel untergebracht und gleichzeitig ein ausreichender Luftstrom zirkulieren kann (Stansberry, Kühlung besser kontrollieren, 2007). Die Führung von Kabeln in diesen Schächten birgt ein weiteres Risiko. So kann es vorkommen, dass die Kaltluft dort austritt, wo sie nicht austreten soll bzw. nicht benötigt wird, z.B. an Kabeleinlässen. Im Beispiel des Rechenzentrums von Amadeus traten so über 60 Prozent der Kaltluft an ungeeigneten Stellen aus, wodurch ein höherer Energiebedarf für eine optimale Kühlung der zu kühlenden Hardware begründet wurde. Die Lösung für Amadeus war eine spezielle Abdeckung dieser potentiellen Verluststellen (Roderer, Amadeus optimiert Kühlung im Rechenzentrum mit hochdichten Kabeldurchführungen, 2007).

Ein Ansatz diese Art der Kühlung zu verbessern stellt die Möglichkeit dar, die Abluft über die Decke rückzuführen. Hierfür wären aber weitere Rohre und Ventilatoren nötig (Stansberry, Kühlung besser kontrollieren, 2007), was zu einer hohen Komplexität und logistischen Unpraktikabilität führen würde (Roderer, Optimieren von Strom und Kühlung in Rechenzentrum durch intelligente Technologien, 2007).

Ist das vorhandene Kühlsystem überdimensioniert und wird im Durchschnitt die volle Kühlleistung nicht benötigt, ist es denkbar eine last- und damit auch temperaturabhängige Drosselung des Kühlsystems vorzunehmen, wodurch der Energieverbrauch gesenkt werden kann. (Roderer, Optimieren von Strom und Kühlung in Rechenzentrum durch intelligente Technologien, 2007; Roderer, Innovative Klimatechnik senkt Stromverbrauch im Rechenzentrum um mehr als 40 Prozent, 2007).

Ebenso ist es denkbar eine Wasserkühlung einzusetzen (Stansberry, Kühlung besser kontrollieren, 2007). Eine Wasserkühlung kann direkt auf den in Servern verbaute Hauptprozessoren (central processing unit, CPU) oder das Serverrack aufsetzen. Zudem könnte bei Neubauten die Grundwasserkälte genutzt werden, um die entstehende Temperatur abzuführen. Durch diese Art der Wärmeabfuhr kann bis zu 50 Prozent der Kosten für die Kühlung eingespart werden (Roderer, Optimieren von Strom und Kühlung in Rechenzentrum durch intelligente Technologien, 2007).

Ein ähnlicher Ansatz, wie die der direkten CPU-Kühlung per Wasser, wird mit dem Einsatz von Präzisionsklimageräten verfolgt. Sie führen ebenfalls die Wärme gezielt dort ab, wo sie entsteht. Auch hier ist der Gedanke, dass nicht ein gesamter Raum gekühlt werden muss, wenn die Hitze punktuell entsteht (Roderer, Innovative Klimatechnik senkt Stromverbrauch im Rechenzentrum um mehr als 40 Prozent, 2007).

Für eine energieeffiziente Kühlung ist aber nicht nur die Führung der Kaltluft bzw. die Abfuhr von Wärme maßgeblich, sondern auch die Entstehung der Kälte. So besteht neben der oben genannten Möglichkeit der Nutzung von Grundwasserkälte, die Möglichkeit der Nutzung von Außenluft bzw. Außentemperaturen.

Problematisch bei der direkten Nutzung von Außenluft kann die Forderung nach Kontaminierungsfreiheit (z.B. Rußpartikel und der Gleichen) und Aspekte des Brandschutzes sein (Roderer, Optimieren von Strom und Kühlung in Rechenzentrum durch intelligente Technologien, 2007). Um eine Kontaminierung zu vermeiden, müssen diese Kühlungsanlagen mit Filtern und Sensoren ausgestattet sein, die einen Einlass der Außenluft nur zulassen, sofern bestimmt Grenzwerte eingehalten werden. Zu beachten ist also, dass die Nutzung stark von der direkten Umwelt (z.B. Nähe zu Städten, die klimatische Region und damit verbunden durchschnittliche Außentemperaturen oder jahreszeitbedingte Temperaturen) des betroffenen Rechenzentrums determiniert wird (Fontecchio, 2007).

Das Beispiel des Rechenzentrums bei Nürnberg der Firma Staedtler verdeutlicht, wie durch eine Kombination von passiver Außenluftkühlung und dem Einsatz von konventionellen Kühlmethoden die Kosten für Energie um ca. 40 Prozent gesenkt werden konnten. Staedtler rechnet mit einer Amortisierung der Anschaffungskosten dieses Kühlkonzepts nach vier Jahren, bei Anschaffungskosten von ca. 80.000 Euro, da sie im Vergleich zu dem bisherigen, konventionellen Kühlsystem (Anschaffungskosten von ca. 57.000 Euro) jährlich ca. 6.200 Euro einsparen (Roderer, Innovative Klimatechnik senkt Stromverbrauch im Rechenzentrum um mehr als 40 Prozent, 2007).

Über die genannten Möglichkeiten zur Effizienzsteigerung von Kühlanlagen besteht die Möglichkeit die warme Abluft der Klimasysteme zu nutzen, um beispielsweise angrenzende Bürogebäude zu heizen. Somit ließen sich ebenfalls die Heizkosten und mit dem Heizen verbundene CO_2-Emmissionen verringern (Schoene, 2008).

2.1.3 Virtualisierung

Neue Betätigungsfelder für die Anwendung der Green-IT entstehen durch die Virtualisierung von Rechenzentren, den Einsatz von Grid-Applikationen und Cloud-Computing.

Durch den Gebrauch von virtuellen Maschinen ist es möglich eine Leistung die bisher auf mehreren Servern erbracht wurde auf einem einzelnen zu erbringen. Somit ist eine erhebliche Reduktion der Server in einem Rechenzentrum möglich. Virtuelle Maschinen enthalten Betriebssysteme und Applikationen der zu konsolidierenden Server. Ihr Einsatz ist von der physikalischen Hardware unabhängig, da sie gleichzeitig parallel auf der gleichen Hardware betrieben werden. Durch die parallele Nutzung der virtuellen Maschinen ist es möglich die ungenutzten Kapazitäten der modernen Server-Hardware nutzbar zu machen, aber auch wenig ausgelastete oder ältere Server-Hardware zu verwenden und zu nutzen.

Es ergeben sich durch den Einsatz der Virtualisierung erhebliche Energiesparmöglichkeiten, da virtuelle Maschinen jederzeit aktiviert oder deaktiviert werden können und nur bei Bedarf genutzt werden. Neue Migrationstechnologien ermöglichen es mittlerweile, dass Server im laufenden Betrieb auf einen anderen transferiert werden können. Hierdurch lassen sich Lastspitzen bei hardewareintensiven Anwendungen auf mehrere virtuelle Server-Systeme verteilen (Haluschak, Green IT: Hype oder Wirklichkeit?, 2008).

Durch die Virtualisierung der Server-Systeme entstehen Einsparpotentiale dadurch, dass aufgrund des hohen Auslastungsgrades und der verbesserten Leistungsfähigkeit Server-Hardware eingespart werden kann. Dies ermöglicht es den Raumbedarf der Rechenzentren, die Kühlung der Hardware und Räume, sowie den Energiebedarf deutlich zu senken (Stiel, 2008).

Ein weiteres Merkmal einer Green-IT-Lösung kann möglicherweise der Einsatz von Grid-Applikationen sein. Hierbei werden Ressourcen (Rechner, Daten, Anwendungen und Services) über das Internet angeboten. Um eine effektive und effiziente Performance zu erreichen wird ein virtueller Supercomputer aus einem Cluster gekoppelter Computersysteme erschaffen. Der Benutzer kann somit unabhängig von seinem Standort, direkt über das Internet auf die benötigten Ressourcen zugreifen. Es entsteht durch den Einsatz von Grid-Applikationen eine verbesserte und erhöhte Rechenleistung, zudem bietet sich auch die Möglichkeit eines kontrollieren Datenaustauschs auf breiter Ebene. Im Rahmen der Nutzung von Grid-Applikationen ist es möglich einen universellen Zugriff auf bestimmte Anwendungen zu erhalten, aber auch ganze Geschäftsprozesse ablaufen zu lassen (Gentzsch, 2008; Barth, 2008; T-Systems, T-Systems - Grid Computing - Lösungen für Forschung und Lehre, 2008).

Ein neuer Trend lässt sich gerade in der Anwendung von Cloud-Computing beobachten. Hierbei betreiben die Anwender von Softwareapplikationen diese und auch die benötigte Hardware (Server, usw.) nicht mehr selber in ihrem Unternehmen, sondern beziehen diese über einen Anbieter, der diese Dienstleistungen für dieses und andere Unternehmen zur Verfügung stellt. Für den Anwender befinden sich diese Anwendungen und Daten nicht mehr bei Ihm selber sondern bei dem Anbieter, man spricht davon, dass sich diese für Ihn in einer Wolke (Cloud) befinden (Witte, 2008; Schmidt, 2008).

Die Vorteile einer solchen Nutzung ergeben sich für Anwender daraus, das der Anwender nicht mehr auf einen langen Zeitraum an seine IT-Strategie, Hardware (Server, etc.) und Software (Applikationen, etc.) gebunden ist. Er hat somit die Möglichkeit Änderungen und Wechsel schnell durchzuführen und kann durch das Outsourcing seiner Hardware die Energiekosten erheblich senken. Zudem bezahlt er die Nutzung der Hard- und Software für den Zeitpunkt an dem der Anwender Sie benötigt. Derzeit besteht aber noch das Problem der Absicherung des Transfers und Zugriffes zwischen dem lokalen Client und dem entfernten Server (IBM, 2007).

Für den Anbieter dieser Dienstleistungen besteht der Vorteil des Cloud-Computing in der erhöhten Auslastung, Effektivität und Effizienz seiner Rechenzentren und den besseren Konditionen bei der Energieabnahme (Herrmann, 2008).

2.2 Verbindung zu den Geschäftsprozessen durch Substitution am Beispiel von Dienstreisen

Die Substitution von Reisen durch Videokonferenzen kann einen deutlichen Beitrag im Rahmen des Green-IT-Konzeptes beitragen.

Zwischen November 2004 und März 2007 fanden im Desktop Video Conferences (DTVC) System der Deutschen Telekom 40.260 Videokonferenzen statt. An einer Videokonferenz können derzeit maximal 15 Personen teilnehmen, die hierfür lediglich einen PC, Notebook, PDA oder Mobiltelefon zur Teilnahme benötigen. Es empfiehlt sich der Einsatz eines Headsets und einer Webcam. Die CO_2-Emissionen konnten durch die Einsparung von Flug- und Autokilometern in dem angegebenen Zeitraum um 7.000 Tonnen gesenkt werden. Für die Unternehmen hat die Nutzung der Videokonferenztechnologie zudem den Vorteil, dass die Reisekosten erheblich minimiert werden konnten und sich der Einsatz der Technologie bereits nach wenigen Monaten amortisiert (T-Systems, Nachhaltigkeit und Umweltschutz, 2007).

2.3 Recycling und Wiederverwendung

Seit dem 24. März 2006 ist der Umgang mit alten Elektrogeräten in Deutschland durch das Elektro- und Elektronikgerätegesetz (ElektroG) geregelt. Altgeräte dürfen seit dem nicht mehr in den Restmüll gegeben werden. Zudem sind Quoten für Verwertung und Wiederverwendung vorgegeben, wodurch Altgeräte zu potentiellen Rohstoffquellen werden können (COMPUTERWOCHE, 2008; Haluschak, Green IT: Hype oder Wirklichkeit?, 2008).

Durch Wiederverwendung von gebrauchten IT-Systemen bzw. deren einzelnen Komponenten können bis zu zwei Drittel der Energie eingespart werden, die bei Inbetriebnahme eines neuen Systems benötigt würde (Haluschak, Green IT: Hype oder Wirklichkeit?, 2008).

Beispielsweise begann HP vor über 20 Jahren mit dem Recycling von Altgeräten und arbeitete nach einer Anlaufphase kostendeckend. Die so wiedergewonnen Metalle und Kunststoffe finden Verwendung z.B. in der Autoindustrie oder bei Plastikspielzeug (COMPUTERWOCHE, 2008).

2.4 Zwischenergebnis

Um einen möglichst effizienten und kostengünstigen Betrieb von IT-Systemen zu gewährleisten, bedarf es also eines ganzheitlichen Konzeptes, dass als Nebenprodukt zugleich als „grünen" bezeichnet werden kann. Dieses Konzept sollte eine möglichst optimale Kombination der vorhandenen Möglichkeiten im Bezug auf energieeffiziente Technologien, der Kühlung, im Bezug auf den Standort des Rechenzentrums, Virtualisierung und Substitution bereit stellen. Eine optimale Kombination von modernen Kühlmethoden und energieeffizienter Technologien, inklusive Virtualisierung ist i. d. R. nur bei der Planung eines neuen Rechenzentrums annähernd zu realisieren. In bestehenden Rechenzentren kann auf Grund der baulichen Beschränkungen folglich nur eine Optimierung an den bestehenden Systemen und Konzepten vorgenommen werden und so ein Teil des Kostenreduktionspotentials gehoben werden.

3 Potentiale und Risiken der Nutzung von Green IT für T-Systems

T-Systems stellt verschiedene Produkte, als Business-Lösungen, im Bereich Informations- und Kommunikationstechnologie (IKT) zur Verfügung. Hierfür differenziert sich T-Systems in die drei großen Bereiche „Großunternehmen", „Mittelstand" und „Öffentlicher Sektor" (T-Systems, 2009). Bei den Lösungen handelt es sich im Wesentlichen um IP-basierte Netzleistungen sowie alle netzbasierten IT-Services (Deutsche Telekom AG, 2008, S. 57).

2007 betreute T-Systems im operativen Segment durch die Geschäftseinheit „T-Systems Enterprise Services" rund 60 multinationale Konzerne und große, öffentliche Institutionen und durch die Geschäftseinheit „T-Systems Business Services" rund 160.000 große und mittelständische Geschäftskunden (Deutsche Telekom AG, 2008, S. 52).

Zum Stichtag 31.12.2007 betreute T-Systems für Computing und Desktop Services 39.419 Server und betreute 1,56 Millionen Arbeitsplatzsysteme. Darüberhinaus war der Geschäftskundenmarkt, laut Telekom, in 2007 durch harten Wettbewerb und starken Preisdruck gekennzeichnet (Deutsche Telekom AG, 2008, S. 77).

3.1 Potentiale und Risiken durch Einsatz energieeffizienten Technologie

Durch den Gebrauch energieeffizienter IT-Geräte, entstehen erhebliche Einsparpotentiale im Bereich der Kosten für Energie. Die neuen Geräte könnten dazu beitragen die Energiekosten zu halbieren, ohne Leistungseinbußen hinnehmen zu müssen. Diese Potentiale können am Beispiel eines energieeffizienten Monitors veranschaulicht werden. Durch den Einsatz moderner Green IT-Technik kann der Energieverbrauch bis zu 50 Prozent gesenkt werden. Dies führt dazu, dass an einem Monitor 8 Euro Energiekosten eingespart werden können. Auf den ersten Blick erscheint dies nicht viel zu sein. Doch bei einem Unternehmen mit vielen Bildschirmarbeitsplätzen kann dies ein großes Einsparungspotential enthalten. Bei einem Unternehmen mit 2.000 Bildschirmarbeitsplätzen macht dies bereits eine Kostensenkung von 16.000 Euro pro Jahr aus. Andere energieeffiziente IT-Geräte wie Prozessoren, Office-PCs und Drucker weisen ebenfalls ein enormes Energiekosteneinsparungspotential auf. So das der Einsatz energieeffizienter Technologien, sich besonders für große und mittelständische Unternehmen eignet, da sich die erhöhten Anschaffungskosten relativ zeitnah amortisieren. Für kleine Unternehmen bedarf es einer genaueren Betrachtung, ob sich derzeit der Einsatz solcher Technologien rechnet. Der Einsatz neuer Technologien zur Energiegewinnung wie etwa Brennstoffzellen erscheint ebenfalls eine sinnvolle Option für die Zukunft zu sein. Hierdurch könnte der energetische Wirkungsgrad auf über 80 Prozent gesteigert werden. Derzeit liegen die Kosten für die entsprechenden Module, Wartung und Brennstoffe jedoch noch über 2.000 Euro pro KWh. Sollten diese Kosten unter 2.000 Euro pro KWh fallen, könnte sich der Einsatz dieser Technologie wirtschaftlich lohnen. (T-Systems, Der digitale Klimawandel, 2008)

3.2 Potentiale und Risiken durch eine optimierte Kühlung

Betrachtet man die angesprochene Führung von Kaltluft, so kann als Risiko der Austritt von Kaltluft an ungeeigneten Stellen, inklusive damit verbundenen Mehrkosten für die Kühlung, gesehen werden. Potentiell können diese Kosten durch eine verbesserte Abdeckung von Nichtaustrittsstellen verringert werden. Fraglich ist jedoch, inwieweit der Wirkungsgrad der bestehenden Kühlung in Rechenzentren der T-Systems verbessert werden kann. Auch die Abfuhr von Warmluft über die Gebäudedecke birgt Risiken. So müssten weitere Rohre und Ventilatoren installiert werden. Neben den Investitionen für Rohre und Ventilatoren ist zu bedenken, dass für neue Ventilatoren ebenfalls Energie benötigt wird, um sie produktiv zu setzen, womit Betriebskosten verbunden sind.

Eine Drosselung des vorhandenen Kühlsystems, bei wenig benötigter Kühlleistung kann deutliche Kostenersparnisse ermöglichen. Dieses Potential lässt sich jedoch nur heben, sofern geeignete Sensortechnik vorhanden ist und das System eine Drosselung zulässt. Darüberhinaus ist denkbar, dass redundante Ventilatoren in Betrieb genommen werden und gleichzeitig die Drehzahl aller Ventilatoren gedrosselt wird, um gleiche Kühlleistung bei geringeren Energiekosten zu erhalten (Roderer, Optimieren von Strom und Kühlung in Rechenzentrum durch intelligente Technologien, 2007). Die Korrelation zwischen Verzehr des Abnutzungsvorrates und der Betriebszeit eines Anlagegutes (Sobek, 2006, S. 11 f.) begründet ein Risiko dieser Maßnahme: Die Ausfallwahrscheinlichkeit für die Sicherungsventilatoren steigt an und kann im schlimmsten Fall zu einem Komplettausfall einer ausreichenden Kühlung führen.

Die Nutzung einer Wasserkühlung beinhaltet ebenfalls Potentiale und Risiken. Zu den Potentialen kann die bis zu 50 prozentige Energiekostenersparnis gegenüber einer konventionellen Kühlung gesehen werden. Bei einem Rechenzentrum mit angenommenen 200 Servern und einem angenommenen Energieverbrauch von 165W (entspricht 594 KWh) für eine konventionelle Kühlung je

Server und einem Preis von 0,10 Euro je KWh belaufen sich die Jährlichen Energiekosten auf ca. 102,6 Millionen Euro. Können die Potentiale einer Wasserkühlung gehoben werden, so würden sich die jährlichen Kosten um 50 Prozent auf ca. 51,3 Millionen Euro halbieren. Dem gegenüber stünden angenommene Investitionskosten von 200 Millionen Euro für die Wasserkühlung. Somit würde sich die Investition in die neue Kühlanlage nach vier Jahren amortisieren. Zu bedenken, ist aber, dass ein Defekt in Form einer undichten Stelle zu Kurzschlüssen in dem betroffenen Server führen kann und die Hardware beschädigt wird und die Daten verloren gehen können. Dieses Risiko ließe sich durch den Einsatz von Präzisionsklimageräten vermeiden, diese erbringen jedoch eine maximale Energieersparnis von bis zu 40 Prozent.

Die Nutzung von Außenluft zur Kühlung birgt zahlreiche Risiken, so muss die Außenluft ein bestimmtes Qualitätsniveau erfüllen um genutzt werden zu können, z.B. kontaminierungsfrei und auszureichend kühl. Somit kann diese Art der Kühlung nicht an jedem Rechenzentrumsandort genutzt werden. Hinzu kommt, dass eine alleinige Nutzung von Außenluft i. d. R. nicht ausreicht und eine konventionelle Kühlanlage ebenfalls vorhanden sein muss. Sind die Anforderungen an die Standortsbedingungen gegeben, so lassen sich potentiell ca. 40 Prozent Energiekosten einsparen und kann sich nach kurzer Zeit amortisieren, dies verdeutlicht das Beispiel der Firma Staedtler aus Kapitel 2.1.2.

3.3 Potentiale und Risiken durch Virtualisierung, Grid-Applikationen und Cloud-Computing

Der Einsatz von Virtualisierung bietet die Möglichkeit, den Auslastungsgrad der Server zu erhöhen, da mehrere virtuelle Maschinen parallel auf einem Server laufen können, die virtuellen Maschinen nur bei Bedarf eingeschaltet werden und sich Lastspitzen durch Migration auf mehreren virtueller Server im laufenden Betrieb vermeiden lassen. Dies ermöglicht es den Raumbedarf für Rechenzentren, die Kühlung der Hardware und Räume, sowie den Energieverbrauch zu senken. Zudem verringert sich die Ausfallwahrscheinlichkeit der Systeme, da die virtuellen Maschinen, problemlos auf andere Server migriert werden können.

Ein außerordentliches Potential liegt im Bereich der Grid-Applikationen und des Cloud-Computing. Durch den Einsatz dieser Technologien sind Unternehmen nicht mehr über Jahre auf die Nutzung bestimmter Hard- und Software festgelegt. Sie können Ihre IT-Strategie flexibler gestallten, indem Sie bestimmen bei welchem Anbieter Sie ihre benötigten Dienstleitungen beziehen. Dieses Optimierungspotential eignet sich sowohl für externe wie interne Kunden. Zudem können durch den Gebrauch der Grid-Applikationen und des Cloud-Computing die Fixkosten variabilisiert werden, da nur noch Kosten bei der Inanspruchnahme von Dienstleitungen entstehen. Das Risiko liegt hier aber noch auf dem Bereich des Datentransfers zwischen dem lokalen Client und dem entfernten Server.

3.4 Potentiale und Risiken durch Substitution; Beispiel von Dienstreisen

Die Substitution einiger Dienstreisen durch Videokonferenzen, bietet zum einen ein beachtliches Einsparungspotential von Reisekosten, einer verbesserten Ausnutzung der Arbeitszeit und zudem die Reduktion des CO_2-Ausstosses. Durch die Substitution von nur 20 Prozent aller Geschäftsreisen durch Videokonferenzen könnte der CO_2-Ausstoß um ca. 22 Millionen Tonnen jährlich reduziert werden. Weiterhin könnten noch 2,1 Millionen Tonnen CO_2 eingespart werden, wenn in Europa 50 Prozent der Angestellten ein Meeting durch eine Telefonkonferenz ersetzen würden.

Ein weiterer Vorteil besteht darin, dass Konferenzen kurzfristig einzuberufen werden können und man so schnell zu Entscheidungen gelangen kann. Als problematisch könnte es sich jedoch darstellen, dass Vertragsabschlüsse nicht direkt unterschrieben werden können, teilweise herrschen noch Vorurteile gegenüber Videokonferenzen und eine gesicherte Übertragung der Signale müsste gewährleistet sein. (Rossbach, 2008)

3.5 Recycling und Wiederverwendung

Als Risiken des Recyclings kann für T-Systems gesehen werden, dass sie vermutlich kein knowhow über Recycling bzw. Verwertung haben, da es nicht zu ihren Kernkompetenzen gehört. Folglich wäre eine Akquise des benötigten Wissens mit hohen Investitionskosten verbunden. Allerdings können entstehende Kosten für Recycling in die Kaufentscheidung bezüglich neuer Hardware einfließen, um anfallende Kosten nach Beendigung der Nutzung zu minimieren. Gegen eine Wiederverwendung alter Hardware spricht, dass alte Hardware meist Jahre in Betrieb war und folglich der Abnutzungsvorrat zu großen Teilen aufgebraucht ist. Somit liegt möglicherweise die Ausfallwahrscheinlichkeit bei alter Hardware über einem akzeptablen Niveau.

4 Empfehlung

Die Deutsche Telekom AG, die Muttergesellschaft von T-Systems, unterzeichnete die Erklärung „Global Roundtable on Climate Change" (Deutsche Telekom AG, 2008, S. 90). Darüberhinaus bekennt sich der Konzern zur Steigerung der Energieeffizienz und CO_2-Emmissionsreduzierung sowie der Entwicklung von innovativen Produkten und Lösungen, mit denen ihre Kunde die eigene Ressourceneffizienz steigern kann (Deutsche Telekom AG, 2008, S. 90). Vor dem Bestreben nach Klimaschutz und Kostenreduktion durch den Mutterkonzern von T-Systems, der Deutschen Telekom AG und dem aufgezeigten Bewusstsein, dass in der Geschäftskundensparte ein harter Wettbewerb mit starkem Preisdruck herrscht, wird ein Ansatz benötigt, der Kostenersparnis und Umweltschutz vereint.

Einen solchen Ansatz bietet „Green IT". Um die damit verbundenen Potentiale zu heben und Risiken zu minimieren, muss für jeden Standort die jeweils optimale Kombination der Maßnahmen unter ökonomischen und sicherheitsbezogenen Aspekten ermittelt werden.

Betrachtet man die eingesetzten Server, so kann man zu dem Schluss kommen, dass erhebliche Kostenvorteile im Betrieb durch die Nutzung von Green IT für T-Systems im Bereich von Rechenzentren zu realisieren sein können. Ebenso ist es bei 56.000 Mitarbeitern von T-Systems denkbar, dass rund 50.000 über einen Bildschirmarbeitsplatz verfügen. Bei vorhandenen Monitoren können durch die Nutzung des Green IT-Ansatzes weitere Kostensenkungspotentiale gehoben werden: Unter der Annahme das die Kosteneinsparungen bei einem energieeffizienten Monitor 8 Euro pro Jahr betragen, entsteht eine Stromkostensenkung für das Unternehmen von 400.000 Euro pro Jahr (50.000 x 8Euro). Diese Einsparpotentiale lassen sich auf weitere IT- Geräte anpassen und übertragen.

Somit kann die Verwendung des Green-IT Ansatzes zur Kostensenkung empfohlen werden, wenn ökonomische Rahmenbedingungen gegeben sind und das bestehende Sicherheitsniveau durch die Maßnahmen nicht gefährdet wird. Zusätzlich entsteht der Nebeneffekt des Umweltschutzes, der für Marketingzwecke des Unternehmens verwendet werden kann.

Literaturverzeichnis

Adler, O. (13. November 2008): Ratgeber: Was haben Hersteller in Sachen Green IT zu bieten? Abgerufen am 04. Januar 2009 von http://www.pcwelt.de/start/computer/greenit/187897/was_haben_hersteller_in_sachen_gre en_it_zu_bieten/

Barth, T. (15. Januar 2008): Grid Computing: Das wahre Web 2.0? Abgerufen am 08. Januar 2009 von http://www.heise.de/tp/r4/artikel/27/27029/1.html

Buhl, H. U., & Laartz, J. (2008): Warum Green IT nicht ausreicht – oder: Wo müssen wir heute anpacken, damit es uns übermorgen immer noch gut geht? WIRTSCHAFTSINFORMATIK (4 | 2008), S. 261 - 264.

COMPUTERWOCHE. (25. 01 2008): IT-Recycling: Plastik zu Plastik, Rohstoff zu Rohstoff, Gift zu Gift. Abgerufen am 05. 12 2008 von www.computerwoche.de: http://www.computerwoche.de/knowledge_center/green-it/1853574/

Deutsche Telekom AG. (2008): Das Geschäftsjahr 2007.

Fontecchio, M. (07. 05 2007): Außenluftkühlung von Rechenzentren. Abgerufen am 15. 12 2008 von SearchDataCenter.de: http://www.searchdatacenter.de/index.cfm?pid=3736& pk=67088

Gentzsch, W. (2008): Grid-Computing und die deutsche D-Grid Initiative. Abgerufen am 08. Januar 2009 von http://www.d-grid.de/index.php?id=57

Haluschak, B. (29. 04 2008): Green IT: Hype oder Wirklichkeit? Abgerufen am 17. 12 2008 von www.tecchannel.de: http://www.tecchannel.de/server/hardware/1751091/ green_it_hype_oder_wirklichkeit/index8.html

Haluschak, B. (29. A pril 2008): Virtualisierung macht Server grün. Abgerufen am 07. Januar 2009 von http://www.tecchannel.de/server/hardware/1751091/ green_it_hype_oder_wirklichkeit/index4.html

Herrmann, W. (30. M ai 2008): Dynamic IT mit Cloud Computing. Abgerufen am 03. Januar 2009 von http://www.tecchannel.de/server/virtualisierung/1759881/dynamic_ it_mit_cloud_computing/index.html

IBM. (15. N ovember 2007): Kommerzielle Angebote für Kunden ab 2008 - IBM konkretisiert seine "Cloud-Computing"-Pläne. Abgerufen am 02. Januar 2009 von http://www.computerwoche.de/index.cfm?pid=254&pk=1848061

Meyer, J.-B. (05. 01 2009): Ratgeber: Ist Green IT nur ein Lippenbekenntnis? Abgerufen am 05. 01 2009 von www.pcwelt.de: http://www.pcwelt.de/know-how/hardware/ 189446/ist_green_it_nur_ein_lippenbekenntnis/

PC Welt. (11. 06 2008): Ratgeber: So rechnet sich das grüne Rechenzentrum. Abgerufen am 21. 12 2008 von www.pcwelt.de: http://www.pcwelt.de/start/computer/greenit/ 165370/so_rechnet_sich_das_gruene_rechenzentrum/

Roderer, U. (21. 06 2007): Amadeus optimiert Kühlung im Rechenzentrum mit hochdichten Kabeldurchführungen. Abgerufen am 15. 12 2008 von SearchDataCenter.de: http://www.searchdatacenter.de/index.cfm?pid=3736&pk=68978

Roderer, U. (15. 08 2007): Innovative Klimatechnik senkt Stromverbrauch im Rechenzentrum um mehr als 40 Prozent. Abgerufen am 28. 12 2008 von SearchDataCenter.de: http://www.searchdatacenter.de/index.cfm?pid=3736&pk=89751

Roderer, U. (08. 08 2007): Optimieren von Strom und Kühlung in Rechenzentrum durch intelligente Technologien. Abgerufen am 22. 12 2008 von SearchDataCenter.de: http://www.searchdatacenter.de/index.cfm?pid=3701&pk=89204

Rossbach, C. (Oktober 2008): T-Systems - Green IT. Challenge or Hype? . Abgerufen am 03. Januar 2009 von http://www.competence-site.de/itmanagement.nsf/ A126D80B9CC252ACC12574DE004769B2/$File/vortrag_carsten_rossbach_green_it_cha llenge_or_hype.pdf

Schmidt, H. (05. Mai 2008): Cloud Computing - Internetgiganten kämpfen um die Wolke. Abgerufen am 07. Januar 2009 von http://www.faz.net/s/RubE2C6E0B CC2F04DD787CDC274993E94C1/Doc~E1F5DC58852F24B3F9DC6AA81B0DF3977~A Tpl~Ecommon~Scontent.html?rss_googlefeed

Schoene, S. (26. 09 2008): Hostway heizt mit seiner RZ-Abwärme Firmenbüros. Abgerufen am 31. 11 2008 von www.computerwoche.de: http://www.computerwoche.de/knowledge_ center/green-it/1874356/

Sobek, L.-H. (2006): Risikobasierte Strategien für das Asset-Management von Verteilungsnetzen. Bremen: Logos Verlag Berlin.

Stansberry, M. (18. 05 2007): Kühlung besser kontrollieren. Abgerufen am 05. 01 2009 von SearchDataCenter.de: http://www.searchdatacenter.de/index.cfm?pid=3736&pk=67107

Stansberry, M. (07. 05 2007): Stromsparende Techniken in Rechenzentrum. Abgerufen am 04. 01 2008 von SearchDataCenter.de: http://www.searchdatacenter.de/index.cfm?pid=3737& pk=67089

Stiel, H. (04. September 2008): Server-Virtualisierung und Green IT. Abgerufen am 02. Januar 2008 von http://www.computerwoche.de/virtualdatacenter/energieeffizienz/expertenwis sen/1872829/

T-Systems. (2008): Backgrounder Green IT. Abgerufen am 02. Januar 2009 von http://www.t-systems.de/tsi/servlet/contentblob/t-systems.de/de/358450/blobBinary/10_Backgrounder-Green-IT-ps.pdf

T-Systems. (2008): Der digitale Klimawandel. Abgerufen am 04. Januar 2009 von http://www.t-systems.de/tsi/de/210026/Startseite/UeberTSystems/Best-Practice-Online/Ausgabe-02-2007/Project-03/Projects-03

T-Systems. (01. Juni 2007): Nachhaltigkeit und Umweltschutz. Abgerufen am 02. Januar 2009 von http://www.t-systems.de/tsi/de/208218/Startseite/Presse-Analysten/Presse/PresseNews Archiv/PressemeldungDetailseite/2007-06-01-PM-Umweltwoche-Reservierung

T-Systems. (2008): T-Systems - Grid Computing - Lösungen für Forschung und Lehre. Abgerufen am 07. Januar 2009 von http://www.t-systems.de/tsi/de/20064/Startseite/OeffentlicherSek tor/ForschungLehre/GRIDComputing

T-Systems. (2009): T-Systems. Abgerufen am 03. 01 2009 von http://www.t-systems.de/: http://www.t-systems.de/

Witte, C. (27. Oktober 2008): Flexibilität in der IT - Cloud Computing ist ein Megatrend. Abgerufen am 05. Januar 2009 von http://www.computerwoche.de/wittes-welt/1877014/

Zoch, I. (03. März 2008): Halbe Stromkosten dank effizienter IT-Geräte - Stromverbrauch im Büro im Vergleich. Abgerufen am 06. Januar 2009 von http://www.presseportal.de/pm/43338/1146656/deutsche_energie_agentur_gmbh_dena

www.ingramcontent.com/pod-product-compliance
Lightning Source LLC
La Vergne TN
LVHW042323060326
832902LV00010B/1704